AF277360

Elías Entralgo

Los diputados
por Cuba en las Cortes
de España durante
los tres primeros períodos
constitucionales

Barcelona **2024**
Linkgua-ediciones.com

Créditos

Título original: Los diputados por Cuba en las Cortes de España durante los tres primeros períodos constitucionales.

© 2024, Red ediciones S.L.

e-mail: info@Linkgua-ediciones.com

Diseño de cubierta: Michel Mallard.

ISBN rústica: 978-84-1126-825-7.
ISBN ebook: 978-84-1126-824-0.

Sumario

Los diputados por Cuba en las cortes de España durante los tres primeros períodos constitucionales

Trabajo presentado por el Académico Correspondiente en Marianao, Provincia de La Habana, doctor Elías Entralgo,
Y aprobado en sesión ordinaria de 20 de abril de 1944.

Los miembros correspondientes son algo así como el cuerpo diplomático de las academias. No dejan de formar parte de ellas aunque estén fuera de su circuito con cierta especie de extraterritorialidad. Y la asociación de ideas me ha llevado a pensar en la posible afinidad entre la naturaleza del académico y la índole del tema que escoja para su trabajo de entrada. ¿No parece apropiado que quien va a representar a la Academia de la Historia de Cuba en el exterior seleccione para su estudio ingresal un pedazo de nuestro vivir histórico que no se desarrolla siempre dentro de la Isla?

El planteamiento que acabo de bosquejar no es de la categoría de los que exigen justificación o explicación. Pertenece más bien al contorno flexible de la gracia o la simpatía intelectuales. Es menos que un criterio; es un gusto. Por ello, sin detenerme en introductoria faena apologética, pasaré ya a situar los cuatro puntos cardinales que orientarán la lógica de esta indagación.

1. ¿Por qué fueron diputados por Cuba a las Cortes de España? 2. ¿Cuándo fueron? 3. ¿Cómo fueron? 4. ¿Para qué fueron? La primera cuestión es intrínsecamente causal; la segunda es genuinamente histórica; la tercera es axiológicamente política y en algún modo sociológica; la cuarta es eminentemente teleológica. Procuraré percibirlas en su verdadero olor, verlas en su real color, paladearlas en su efectivo sabor.

I

Cuba no tuvo diputados ante las Cortes hispánicas por virtud de ningún movimiento vernáculo; sino por una serie de acontecimientos ocurridos en su metrópoli de entonces, que a su vez tenían origen en el otro lado de los Pirineos. Es que la mente humana, tan fecunda en las obras del arte, de la filosofía y de la ciencia, suele ser escasa en la producción de instituciones políticas. ¡A qué profunda meditación no se presta ese fenómeno de que los hombres, conocedores de tantas cosas, no hayan sabido darle mucha variedad al invento de organismos para su propio gobierno! De ahí que, políticamente hablando, la historia transite de una civilización a otra, ande de aquella a esta cultura, por un camino empedrado de mimetismos. España no sería una excepción de esta regla con respecto a Francia en la última década de la centuria décimo octava y en los primeros lustros del siglo XIX. En realidad ningún pueblo del continente europeo escapó, en favor o en contra, a la profunda sacudida de la Revolución Francesa. Lo que hacía peculiar la situación de España es que ésta no se encontraba en condiciones para seguir las nuevas ideas ni tampoco para oponerse a ellas. Como en tantas otras etapas de su historia y de su cultura el dejarse llevar por la tradición podía mucho más en la vida española que el llevar la convicción. Sus historiógrafos más veraces y sinceros aseguran que aún los hombres públicos considerados en aquella época como progresistas propugnaban la monarquía. Y este régimen de gobierno no podía hundir a la nación bajo el lastre de una política peor. La interior era unilateral, ciñéndose a defender los intereses de la realeza, mediante la improvisación, la inexperiencia y la incapacidad del primer ministro, el favorito Manuel Godoy. La política exterior, en aquellos momentos absorbida por las relaciones con Francia, fue vacilante con la Asamblea Constituyente y la Legislativa, temerosa con la Convención, sumisa con el Directorio y abyecta con el Consulado y el Imperio. Los resultados de tales maneras de gobernar se patentizaron en las finanzas públicas, caídas en crisis por las guerras y el abuso de la acumulación de los altos sueldos, y obligadas a acudir a los expedientes crematísticos a que siempre apelan los países que no están dirigidos por la savia de los estadistas: los empréstitos, el aumento de los impuestos en número y en cantidad recaudable, el reajuste... Ahora bien, en medio de la desorientación nacional no se extraviaba el mantenimiento de la herencia psíquicosocial; y algunos aspectos contradictorios en el carácter de ese pueblo conservaban sostenida vigencia. Mencionaré el más representativo, acaso por su estrecha vinculación con lo político desde que con la invasión visigoda los españoles admitieron la forma gubernativa que hace residir el poder supremo en el príncipe: la infidelidad al rey coincidiendo con la lealtad a la monarquía. Fernando, en sus ambiciones a ser el VII de este nombre, sería ahora el vehículo de la paradoja insigne.

Una política de plano tan inclinado hacia los distintos gobernantes franceses debía tener su caída final en la propia tierra francesa. Empleando el halago unas veces, el engaño otras, la coacción moral o material siempre, logró Napoleón reunir en el territorio francés de Bayona a todos los magnates de la corte española. Allí, excitando las desavenencias, llegó hasta dejar a la nación hispana sin rey, quedándose, mediante las renuncias de Carlos IV y de Fernando VII, con la corona de España en sus manos. Bonaparte había decidido colocarla en las sienes de su hermano José; pero deseaba que este hecho apareciese como expresión de la democrática voluntad española dentro de los moldes de una monarquía constitucional. Una convocatoria publicada en la *Gaceta de Madrid* el 24 de mayo de 1808 citando para el 15 de junio inmediato una Asamblea de Notables en la propia ciudad de Bayona era la concreción primera de ese respeto convencional a fórmulas políticas ya muy adentradas en la conciencia europea. El cuerpo político y deliberante habría de componerse de ciento cincuenta miembros, correspondiéndoles cincuenta curules al clero, treinta a la nobleza y setenta al estado llano. Muchos se elegirían corporativamente, otros asistirían por derecho propio y algunos serían nombrados por la Junta de Gobierno que actuaba en Madrid. Murat, que ostentaba entonces el mando de España por órdenes de Napoleón, nombró otros seis representantes de las colonias americanas —Nueva España, Perú, Buenos Aires, Guatemala, Santa Fe y La Habana— escogiéndolos entre naturales de las mismas residentes en la Península. No es éste el sitio más oportuno para tratar de la primigenia representación que se asignaba a Cuba en un parlamento europeo. Sí lo es, en cambio —cualquiera que sea el juicio que se tenga sobre la Asamblea de Notables de Bayona y el alcance de su empeño legislativo— para dejar constancia de que un país que había tenido Cortes en los tiempos medievales, allá por el siglo XII, hacia 1169, veíase obligado a recibir seiscientos treinta y nueve años después esa lección de renacimiento parlamentario desde el extranjero. La Carta otorgada en Bayona, intentando poner fin a la monarquía absoluta para sustituirla por la constitucional, traía muchos principios liberales y no pocas instituciones democráticas: la abolición de privilegios, la libertad de imprenta, la latitud del sufragio, la igualdad de códigos, la publicidad de los juicios criminales, las aspiraciones al jurado, la cámara única —pues el Senado quedaba como un consejo moderador de la potestad real—, la responsabilidad ministerial... Constitución impuesta por un usurpador, quizá no adolecía de más pecado capital que éste, pero era máximo, y bastante para impedir su positivo vigor. No obstante, como ejemplo no fue vano: el texto constitucional de Bayona repercutió en el de Cádiz.

Ahí tenemos otra porción de historia que se desenvuelve fuera del lugar al que fundamentalmente afecta. La dejo adaptada a las proporciones de mi asunto, trasladándome ahora al otro lado de los Pirineos, penetrando otra vez en el territorio español, donde estaban saliendo a la superficie verdades eternas para la historia. En España estaba podrida la cascara gubernamental —la corte en sus dos bandos: el de Carlos IV y el de Fernando—; pero no la pulpa popular.

El mejor jugo de ésta sería el 2 de mayo y toda la guerra de independencia. Tan vasto y poderoso esfuerzo histórico fue la tarea ingente del instinto popular.

Los españoles sintieron sobre sí el peso de la opresión extraña, y sin previas prédicas de ideólogos, sin disposición disciplinaria de jefes militares, decapitada toda sombra de gobierno, a la buena de Dios —para expresarlo con el decir folklórico de ellos— se dieron al trabajo de promover la defensa para impulsar más tarde el ataque. La crítica histórica se ha cuidado de advertir que los que más conscientemente impelieron el levantamiento no se proponían iniciar una revolución sino responder a una guerra. El grito de rebelión iba contra la invasión napoleónica; pero ni una sola voz se alzó frente a la corrupción de la dinastía borbónica.

La organización política que el pueblo español se dio a través de esa guerra de independencia fue la de juntas populares en todas las provincias.

Actuaban separadamente. Pasados los primeros e inevitables instantes de locura colectiva, con los avances victoriosos se fue lentamente recobrando la conciencia nacional. Vióse que la lucha en trozos hacía más lento y dificultoso el afán de todos; pero, por otra parte, se presentaban no pocos obstáculos para llegar a la unificación. Cuando desaparece totalmente el mecanismo tradicional de una potestad, se explica que autoridades nuevas surgidas por idénticas causas directivas y con similar personalidad, no quieran aceptar la subordinación. Los hechos, las realidades, mayor fuerza, mejor habilidad —todo ello tiempo mediante— pueden ir estableciendo otros engranajes jerárquicos. Este es un panorama universal, de todos los tiempos y de todas las latitudes; pero que se acrecienta dentro de un horizonte como el español, donde la Naturaleza con la situación de montañas, valles y ríos ha dispuesto los compartimentos estancos y ha decretado los regionalismos étnicos e históricos. Todo eso se traducía en la época y en los hechos que nos ocupan a un lenguaje de fácil inteligencia: los triunfos que se iban logrando no procedían de la unidad, sino precisamente de la diversidad. Al fin, la voz más potente de las altísimas conveniencias nacionales pudo hacerse oír entre las voces divisionistas alentadas por una experiencia no desfavorable. Y, dominando celos de superioridad y venciendo recelos de soberanía, las Juntas provinciales se fueron acercando hasta dejar constituida en Aranjuez la Junta Suprema Central Gubernativa del Reino.

Capitulado Madrid bajo un ataque de las tropas napoleónicas, la Junta Central tuvo que salir de la provincia de Castilla y creyó más seguro irse al extremo sur de la península, instalándose en Sevilla. Desde aquí dictó, en 22 de enero de 1809, un decreto en que procuraba corresponder por medio de concesiones políticas a la ayuda económica con que América acudía a la liberación de España. En el párrafo inicial del mencionado documento figuraban estas afirmaciones:

...considerando que los vastos y preciosos dominios que España posee en las Indias no son propiamente colonias o factorías como las de otras naciones, sino una parte esencial e integrante de la monarquía española; y deseando estrechar de un modo indisoluble los sagrados vínculos que unen unos y otros dominios, como asimismo corresponder a la heroica lealtad y patriotismo de que acaban de dar tan decisiva prueba a la España en la coyuntura más crítica en que se ha visto hasta ahora nación alguna, se ha servido S. M. decretar, teniendo presente la consulta del Consejo de Indias de 21 de noviembre último, que los reinos, provincias e islas que forman los referidos dominios deben tener representación nacional e inmediata a su real persona, y constituir parte de la Junta Suprema Central Gubernativa del Reino por medio de sus correspondientes diputados.

Para llevar a efecto tales propósitos habría de elegirse un representante distrital por cada uno de los virreinatos de Nueva España, Perú, Nueva Granada y Buenos Aires y por cada una de las capitanías generales de Cuba, Puerto Rico, Guatemala, Chile, Venezuela y Filipinas. El decreto pasaba a regular el procedimiento de elección. En las capitales o cabezas de partido, sin excluir las provincias internas, los ayuntamientos nombrarían «tres individuos de notorias probidad, talento e instrucción, exentos de toda nota que pueda menoscabar su opinión pública». No se quedaba aún contento el redactor de este papel, e interpretando el espíritu de sus inspiradores insistía sobre las autoridades superiores de España en América para que metiesen en el ánimo de los ayuntamientos «la escrupulosa exactitud con que deben proceder a la elección de dichos individuos, y que prescindiendo absolutamente los electores, del espíritu de partido que suele dominar en tales casos, solo atiendan al riguroso mérito de justicia vinculado en las calidades que constituyen un buen ciudadano y un celoso patricio». Una vez hecha la elección de esos tres hombres, el ayuntamiento sortearía solemnemente uno de entre ellos, comunicando al jefe más alto del territorio los patronímicos, generales «y demás circunstancias políticas y morales» que adornaban al decidido por la suerte. Cuando el virrey o capitán general tuviera en su poder todos los testimonios de las designaciones municipales, se reuniría con otras figuras —el obispo, el intendente, el prior del consulado...— para examinar tales instrumentos y seleccionar tres de las personas señaladas, escogiéndolas por sus cualidades más recomendables en atención al conocimiento directo o a la fama pública. En caso de discordia decidiría la pluralidad de votos. Esa terna someteríase a insaculación, y el nombre que se entresacara daría al favorecido los títulos de diputado por la provincia y vocal de la Junta Suprema Central Gubernativa del Reino, con residencia en la Corte. Los municipios acordarían instrucciones para esos diputados provinciales sobre «ramos y objetos de interés nacional».

A pesar de que en el susodicho decreto se ordenaba que los elegidos se pusieran en viaje de seguida para posesionarse de sus cargos, no pudieron hacerlo porque sucesos posteriores de la Guerra de Independencia cambiaron el rumbo de aquella ideada representación política. En Cuba no he encontrado constancia documental de que se cumpliera en lo más mínimo ninguna de las prescripciones contenidas en la resolución de 22 de 13 enero de 1809. Pero en la historia no pesan solamente las realizaciones definitivas. En la historia valen también los propósitos y hasta las intenciones. Tal disposición tuvo trascendencia por más de un motivo. Reiteró un viejo y nuevo concepto en la evolución de las ideas: el del estrecho vínculo entre la política y la moral. Puso por delante en la política hispano-americana un cuidadoso sentido de responsabilidad. Cambió la orientación relacional de España con América, sustituyendo un subestimado factoril o colonial de tres siglos por un criterio de igualdad integrativa de todas las partes del mundo hispánico.

Por distintas avenidas fue penetrando en el ánimo de los miembros de la Junta Suprema Central Gubernativa del Reino la conveniencia de llamar a Cortes, y un decreto publicado en Sevilla el 22 de mayo de 1809 anunciaba como plazo para extender la convocatoria el de todo el año próximo, o antes si las circunstancias lo permitieran. La Junta se iría ocupando acto continuo del modo, número y clase con que, tenidas en cuenta las condiciones de aquellos momentos, podíase llevar a cabo la concurrencia de los diputados a la proyectada asamblea; y, reservándose en cierto modo el papel de Consejo de Estado, investigaría varios asuntos relacionados con la juridicidad, la legislación, la hacienda pública, la enseñanza oficial, el ejército, la marina y la participación que debían «tener las Américas en las Juntas de Cortes», para irlos proponiendo en su oportunidad al Parlamento.

Polémicas internas y críticas urgencias exteriores decidieron en la Junta Suprema la citación a Cortes para el 1 de enero de 1810 con el objetivo de que empezaran sus actividades el 1 de marzo próximo.

Los ejércitos de Napoleón estaban a punto de invadir a Andalucía; y la Central dio a conocer en un bando su necesidad de mudarse para la isla de León, donde prepararía la apertura de las Cortes. En períodos de gran inquietud pública, las instituciones se gastan y hasta se liquidan con rapidez. La Junta Gubernativa era azotada por la impopularidad. Sus componentes tuvieron un gesto de comprensión, un ademán de desprendimiento, una actitud de renuncia; y crearon un Consejo de Regencia, formado por cinco individuos, al que transfirieron el poder ejecutivo, y del cual excluyeron a todos los miembros de la Junta. El Consejo de Regencia cumpliría su alto cometido hasta que las próximas Cortes decidieran el tipo de gobierno llamado a regir los destinos nacionales.

La provisión inmediata de cargos activos no les hizo perder de vista la previsión de cubrir los cargos deliberantes el mediato aunque no distante futuro. Por ello se adoptaron todas las medidas encaminadas a facilitar la cercana reunión de Cortes generales y extraordinarias. El articulado de un decreto procuró abarcar los varios aspectos de la cuestión.

Al decreto organizando la Regencia acompañó la Central una minuciosa instrucción acerca de las Cortes. Ahí no dejaba de anteverse la especial posición de las provincias americanas y asiáticas, a las que la distancia impedía elegir diputados desde el interior de sus territorios, y mucho menos embarcarlos para que estuvieran a tiempo al comenzar las labores congresionales. Para que no careciesen seguidamente de representación en estas Cortes, se acudió a un expediente. La Regencia designaría en la misma Península una junta electoral compuesta de seis sujetos caracterizados, nativos de tales dominios. Ellos colocarían en un cántaro papeles con los nombres de los demás naturales residentes en España e inscritos en las listas de la Comisión de Cortes, para extraer a la suerte 40, y de ellos, en un segundo sorteo, 26, dejando así constituida, por el momento, las diputaciones asiática y americana en la asamblea.

Pero ya se sabe que suelen interpolarse mil dilaciones cotidianas en la vida en general, y particularmente en la política («las cosas de Palacio van despacio»), a los afanosos deseos de prisa. En todas partes, la Naturaleza y el Tiempo le cierran a la Humanidad las barreras de golpe. Pero hay zonas del mundo donde eso acontece menos, y otras en que ocurre más: las primeras son en las que el hombre conoce su voluntad, observa la Naturaleza y calcula el Tiempo; las segundas son en las que el ser humano apenas cree en sí mismo a cambio de creer demasiado en el destino, el fatalismo y el azar.

En términos históricos, allí están los pueblos encadenantes de la Revolución Industrial; y aquí los encadenados por la Edad Media. Los unos quieren mucho la vida; los otros respetan con exceso la muerte. Aquéllos practican la vocación del futuro; éstos ejercitan la profesión del pasado. En lenguaje político, los de allá ponen mano firme al timón de la ejecutividad: los de acá van a la deriva de la discusión. En esta clase de navegación se hallaba la vida pública española de 1810. Por eso aún en junio se debatían extremos de la convocatoria a Cortes expedida para enero, tales como si esta corporación debía dividirse en dos estamentos o deliberar juntos los prelados, los grandes y los pecheros. Después de oír a varias instituciones, la Regencia se decidió por el estamento único.

También determinó la Regencia que por esta vez cada ciudad de las que antiguamente tenían voto en Cortes designara para diputado un individuo de su ayuntamiento; que de ese propio derecho disfrutara cada junta provincial; que los restantes diputados se eligieran por cada cincuenta mil habitantes, por medio del método indirecto, atravesando los tres grados de parroquia, partido y provincia, y haciéndose más tarde un sorteo entre los tres que hubieran obtenido mayoría absoluta de votos. Las provincias de América y Asia mantendrían la representación acordada por la Central, si bien con más amplitud y con algunas modificaciones en el modo de elección. La particular situación de las provincias peninsulares ocupadas por los invasores napoleónicos y el ya permanente problema de la distancia de los dominios ultramarinos ocasionaron el decreto sobre suplencias, fechado en septiembre 8. Disponía esta resolución que se escogiesen veintitrés suplentes por las provincias ocupadas y treinta por las asiáticas y americanas. Se elegirían de entre los naturales de unas y otras residentes en la isla de León o en cualquier territorio libre de la dominación extranjera. Por ser corto el número de los que aparecían en las listas como naturales, la selección podría verificarse también entre los domiciliados en las respectivas jurisdicciones, mas prefiriendo a los primeros. A nuestra isla se le asignaron dos plazas de suplentes. Estando sometidas provisionalmente las elecciones de diputados a Cortes en las localidades de Asia y América a los ayuntamientos, mientras se legislaba en torno a la representación futura de estos organismos, los congresistas elegidos representarían a todas las clases sociales. Pieles a su denominación, cada uno de tales diputados cesaría en su cargo tan pronto llegase a las Cortes el correspondiente propietario.

Por tal arbitrio fueron escogidos como diputados suplentes por Cuba el Marqués de San Felipe y Santiago[1] y Joaquín Santa Cruz.

---

1   Tenía por aquella época ese marquesado don Juan Clemente Núñez del Castillo y de Moli-
    na,• cuarto poseedor de tal título,•• a quien Murat seleccionó para representar a La Habana
    en la Asamblea; de Notables de Bayona, pero él no acudió a ninguna de las sesiones•••
    ni firmó el texto de la Constitución redactada en tal sitio;•••• y, por el contrario, sí aceptó
    después el legislar en las Cortes gaditanas. Su decisión en un caso y en otro revelan cuáles
    eran sus sentimientos y criterios sobre el trance histórico; y el hecho de que se pensase en
    su personalidad para dos organismos políticos tan apartados proclama que era el patricio
    cubano más significado de cuantos vivían por entonces en Madrid.
    • Eusebio Valdés Domínguez, *Los Antiguos Diputados de Cuba y Apuntes para la Historia
    Constitucional de esta Isla*, pág. 194.
    •• Francisco Xavier de Santa Cruz y Mallen, Conde de San Juan de Jaruco, *Historia de
    Familias Cubanas*, tomo cuarto, pág. 252.
    ••• Carlos A. Villanueva, *Napoleón y los Diputados de América en las Cortes Españolas de
    Bayona*. (Boletín de la Academia de la Historia, tomo LXXI, Madrid, 1917, pág. 210.)
    •••• Francisco Pi y Margall y Francisco Pi y Arsuaga, *Historia de España en el siglo XIX*, tomo
    I, pág. 361.

II

Si la conjunción causal que llevó diputados por Cuba a las cortes hispánicas tuvo su origen y su fundamento en moviciones europeas que tramontaron los Pirineos; el adverbio de tiempo, en el caso cubano que estamos considerando, fue siempre modificado por los vaivenes de la política peninsular. La honda raigambre de la monarquía absoluta en el Estado español no permitía arraigarse a la monarquía constitucional. La tradición y el progreso políticos pugnarían en la España del siglo XIX durante tres cuartos de siglo bajo los respectivos emblemas de absolutismo y constitucionalismo. Sin embargo, los límites del presente estudio me obligan a despedirme de tal antinomia en 1837. La Guerra de Independencia elaboró el constitucionalismo con el nombre de —pero sin el hombre— Fernando VII. Libertado este monarca de su cautiverio en Valencey, al avanzar —tras la ruta que le trazara Napoleón— por territorio español, fue cercenando las libertades constitucionales, hasta decapitarlas en su arribo a Madrid con la abrogación de toda la obra legislativa de las Cortes, la disolución de éstas y la prisión de regentes, ministros y diputados en la primavera de 1814. Inicia la restauración constitucionalista el comandante Rafael del Riego cuando en Cabezas de San Juan, al empezar el año 1820, proclamó la Constitución de 1812, conmoviéndose después varias poblaciones con levantamientos militares seguidos de juntas civiles. Restablece Fernando VII el absolutismo al otoñar 1823 como el último efecto del retroceso europeo despertado por la Santa Alianza y la última consecuencia de la invasión francesa mandada por el Duque de Angulema que acorraló y rindió al liberalismo español precisamente en Cádiz, o sea, donde había nacido a la vida convencional. Tras el tibio Estatuto Real —surgido por un heterogéneo decreto que se convertía en Carta otorgada, copiándola del sistema constitucional francés, el cual a su vez lo era del británico— recóbrase plenamente la Constitución gaditana mediante la inquietud militar que, brotando en la oficialidad de Málaga, durante el estío de 1836, se fue extendiendo por las provincias hasta hacerse sentir en las unidades que guarnecían la morada de la Reina Regente María Cristina, para llegar a su despacho con palabras de sargentos y soldados.

Esa sintética data descriptiva quedaría incompleta sin un balance crítico, no por breve, exento de ponderación. Dentro del período cuyo tratamiento me he impuesto en este trabajo hay que tener muy en cuenta, en primer término, las cifras que siguen: meses más o menos, el constitucionalismo gobierna ocho años, y el absolutismo rige diecinueve. Para valorar con más precisión el fenómeno no debemos alejar del razonamiento que ambas políticas eran excluyentes, es decir, que la ausencia de una de ellas del poder no representaba su presencia en la oposición o viceversa, sino que si la una residía en los palacios la otra tenía que estar en los sótanos, en las emigraciones y, a veces, en los sepulcros.

No eran dos partidos acomodables dentro de un régimen, sino dos incompatibles sentidos de la vida histórica. Obsérvese, por otra parte, la forma en que los constitucionales adoptan su status o lo recuperan: siempre en medio del funcionar de las armas: en la primera ocasión entre los estampidos de una guerra internacional y en las otras dos bajo sublevaciones militares. Podría replicarse aduciendo la composición de juntas civiles; pero puede duplicarse que estas instituciones se manifiestan siempre con posterioridad. Y, por último, notemos que tanto en 1820 como en 1836 no se demanda un nuevo sistema en el Estado, sino que se exige la restitución de la Ley fundamental de 1812 con actos retornadores que indican ya el desenvolvimiento de otra tradición líbero-constitucionalista, opuesta a la absolutista. En esto los progresistas españoles eran más renovadores y menos innovadores que los franceses, por estar aquéllos dotados para la consecuencia y éstos para la invención, al menos en la vida pública.

Observadas esas cosas desde el ángulo de Cuba se ven de manera muy distinta. Lo político no constituía aún intento central en la sociedad cubana, sino lo económico. Absolutismo y constitucionalismo no contendían en nuestra isla en términos de eliminación recíproca, con sus respectivos dirigentes y dirigidos esquinados para la convivencia. Eran fórmulas de importación que por no haberlas elaborado el pueblo cubano, por carecer de experiencia directa de tales ideologías en activo, por no haberse adaptado a sus principios, medios y fines, las ingería sin capacidad para asimilarlas. Si hiciera falta otra imagen más esclarecedora, yo diría que debió mirarlas como hoy contemplamos los letreros de humo que describe un aeroplano en las alturas atmosféricas. Nunca supo a ciencia cierta por qué se acostaba absolutista y se levantaba constitucionalista o a la inversa. Las crónicas de aquellos tiempos son abundantes en el relato de hechos que ahora nos iluminan la comprensión de los fenómenos. Un breve esquema me bastará para deducir conclusiones muy convenientes. Absolutismo o constitucionalismo significaban más, mucho más como proclamación formal que como aplicación esencial. Cada una de esas restauraciones se celebraban con parecidos festejos y con el mismísimo *Te Deum*. Pero el alto personal político de los ayuntamientos apenas cambiaba porque hubiera un régimen u otro, pues se alegaba —averíguese si con razón o con pretexto— que no había individuos de más capacidad en las poblaciones para sustituir a los regidores por juro de heredad. En los ciclos constitucionales se establecía una institución no rigente en los absolutos: las diputaciones provinciales; pero sus cargos representativos no se cubrían por el sufragio prescripto. Apenas puede reconocerse una variante, entre ambos tipos de períodos, en la situación de la prensa, libre y copiosa cuando el gobierno era en nombre de la constitución, censurada y muy reducida cuando el mando era por encargo del rey absoluto.

El ambiente bélico o la participación castrense en el reconocimiento de la Carta fundamental del Estado no existen en aquellas etapas de nuestra historia, al menos con las características que ya les sabemos en la Metrópoli. La Ley de leyes llega en pacíficas goletas entre inertes papeles oficiales u oficiosos, y no se gasta en su honor más pólvora que las de salvas. Las guerras de Europa absorben las escuadras de sus naciones, y Cuba, tan asaltada durante tres siglos por piratas y corsarios, ve ahora alejarse de sus costas tal preocupación.

Cierto que hay dos pasos por los cuales los uniformes toman la delantera; pero en ambos, ¿qué exigen? Pues acatamiento provincial cubano a hechos consumados en las provincias peninsulares: lo que los oficiales Manuel Valls y Manuel Elizaicín logran al mando de sus soldados cuando La Habana vive el año 1820 y lo que al mariscal Manuel Lorenzo se le malogra cuando el 1836 decursa por Santiago de Cuba no es sino el respeto a la legalidad vigente en territorio español que ellos estiman debe alcanzar a otras tierras hispánicas.

La tradición constitucionalista solo tiene cabida en una cátedra del Seminario de San Carlos y San Ambrosio, similar a la fundada en el Seminario Nacional de Monforte. No será enseguida nutrimento para el cuerpo popular de Cuba, sino paladeo que habrá de llegarle a través de las élites que en esa aula se vayan formando.

III

La respuesta a la tercera pregunta de mi tema, la del adverbio de modo, no está totalmente desconectada de la que acabo de dar a la del adverbio de tiempo. En otras palabras: el *cómo fueron de Cuba* tiene algún contacto con el *cuándo fueron* a España. El punto de tangencia está en el extrañamiento del institucionalismo constitucional moderno, si bien las líneas se apartan después por diferencias visurales, pues lo que en España se mira de lejos, en Cuba se ve vacío. Y, cuando la falta de contenido se quiere llenar festinadamente, tiene que abundar el proceder falso. De ahí los métodos electorales casi siempre viciados por el fraude o la coacción. De ahí la violencia más de una vez ejecutada por el jefe superior político en favor de determinados candidatos. De ahí los escritos reclamatorios presentados insistentemente al Parlamento metropolitano. De ahí las varias y, a veces, repetidas nulidades de elecciones dictadas por las Cortes. De ahí, en suma, el ολιγαρκησ suplantando al δημοσ y tomando un ambiente en que privaba la carencia de definición política.

Hay, empero, cierto suceso que se significa como un cosmos del sentido de responsabilidad aislándose de todo ese caos, el cual era quien sabe más aético que inmoral: es el debate por episodios en el Ayuntamiento de La Habana sobre las instrucciones que debían darse al primer diputado a Cortes elegido por Cuba. Admira la voluntad y la conciencia con que aquellos hombres superaron a su circunstancia. Le pidieron permiso al tiempo para actuar con cautela: el 7 de agosto de 1810 se reunió por primera vez el Cabildo en sesión extraordinaria para tratar de ese asunto; el 4 de septiembre del propio año se congregó tal organismo por última vez para adoptar acuerdos definitivos sobre tan importante cuestión. Impuestos los ediles de la gravedad del problema, designaron una comisión encargada de coordinar el trabajo ordenando las sugerencias que hicieran los miembros del consistorio para presentarlas a debate.

Y les asignaron una misión de mayor entidad:

> Que propongan el modo más adecuado de consultar y conocer con más certeza la opinión pública sobre estos particulares, de suerte que las instrucciones que se den al Diputado lleven la aprobación general.

Dentro de tal resolución laten movimientos que hoy creo necesario sacar a la luz de la crítica. Primeramente, la ya dicha preocupación que los llenaba. En segundo término, el claro conocimiento de su verdadera ubicación política, muy limitada, desde el origen, por el sufragio tan restringido que los había exaltado a aquellos cargos. Por último, el inspirarse —con indudable anticipación para aquellos tiempos de la cubanidad política— en el concepto democrático de «la opinión pública» y el recurrir generosamente a «la aprobación general». Por ese mismo camino de buscar el acierto oyendo el parecer del mayor número, y procurando en este caso asistirlo de la mejor calidad, en la junta extraordinaria del 8 de agosto determinaron ampliar la susodicha comisión con miembros de colectividades tan representativas como el Real Consulado y la Real Sociedad Patriótica. Cuatro componentes de la primera institución —dos por los agricultores y dos por los comerciantes— y ocho de la segunda, todos elegidos libremente bajo las pautas estatutarias de ambas corporaciones, se incorporarían a la escritura de las reglas para el diputado por la Isla. Se convidaba así, con cédula liberal, a la cultura económica e intelectual del país para que colaborara en aquella empresa política.

Pero alargado tal conjunto de personas con todos los regidores propietarios del ayuntamiento y sus dos letrados, dilatábase con exceso el número de individuos requerido para armonizar el encargo. No siendo los comisionados, políticos profesionales, sino por afición o vocación, tenían ocupaciones diversas y a horas diferentes. Se dificultaba, por lo tanto, congregarlos a todos. Esta contrariedad motivó el expediente de una subcomisión de seis miembros encargada de bosquejar los puntos generales para llevarlos luego a discutir en el pleno.

Después de más de dos semanas, tales comisionados se presentaron en la sala capitular a la sesión del consejo del 4 de septiembre con la mente zigzagueada por inquietantes dudas acerca de las tan llevadas y traídas instrucciones. Antes de darles forma, ellos creían que era preciso saber qué poderes llevaría el diputado, o por lo menos no ignorar los límites dentro de los cuales habría de ejercerlos. Escrúpulos tan concienzudos los conducían a razonar con lógica. El real decreto que citaba a la representación de las colonias se refería vagamente a «los poderes del Ayuntamiento elector», sin concretar la capacidad de los mismos. La instrucción de la Regencia para los diputados de la Península les daba facultades para discutir y votar no solamente los puntos señalados en la convocatoria sino otros cualesquiera; mas ese documento no podía adoptarse como norma supletoria porque su amplitud guardaba estrecha relación con la semilla de que procederían las actas de los representantes metropolitanos: el sufragio universal. Pero los coloniales, como queda recordado antes, tenían principio en un sistema electoral restricto. Por ende, no podían los ayuntamientos otorgarles instructivas tan vastas. Ahora bien, ¿hasta dónde deberían llegar las que les concedieran? Entre estas vacilaciones discurría la inteligencia de los que estaban a punto de cumplir su cometido. Otras perplejidades en algún modo concordantes con las anteriores les hacían mover los ojos de acá para allá. El Ayuntamiento de La Habana tenía contraídas obligaciones con el pueblo en nombre del cual hablaba; pero, por otra parte, sentíase ligado con vínculos de gratitud obediente a la Regencia porque le permitía elegir diputado. Además, había que tener en cuenta por adelantado ciertos reparos que pudieran plantear los congresales más democráticos elegidos por la votación de los españoles peninsulares.

Al fin se entró de lleno a debatir la naturaleza y forma de los poderes que se entregarían al diputado. No queriendo detener más el despacho del mismo por un lado, y no perdiendo de vista aquel estado dubitativo por otro, creyeron encontrar la salida apelando a una fórmula del derecho notarial:

> serían tan amplios, plenos y bastantes quanto puede y debe conferírselos, y lo exigen las circunstancias, para que cumpla y desempeñe las augustas funciones de su nombramiento con las facultades que competan al Ayuntamiento.

Los romanos —que, a pesar de haber integrado uno de los imperios más universales que se han conocido, no se distinguieron por la mentalidad creadora en derecho público— tomaron de sus exuberantes instituciones civiles el principio del mandato y lo aplicaron a la representación política. El estudioso de la sociología, más que el de la teórica estatal, será el llamado a poner mientes en el fenómeno de que en los albores de la vida pública cubana se procediera de modo tan semejante al de la Roma antigua. Pero, en cambio, quizás corresponda más al técnico en materia constitucional el conocimiento de otros acuerdos a que llegaron aquellos regidores. Pidieron a las Cortes, remitiéndoles una copia del acta sesional, que se completara la representación de las Américas españolas, sin la que —a juicio de ellos— no podrían tener las leyes discutidas y votadas el verdadero consentimiento común. Resolvieron también solicitar de tan alto cuerpo legislativo que implantara la norma de la igualdad de derechos y prerrogativas entre los españoles de los dos hemisferios, concediéndole a los del lado de acá del Atlántico la misma facultad que poseían los de Europa para elegir un diputado por cada cincuenta mil habitantes. En tales aspiraciones igualitarias parecen repercutir ideas más cercanas en el tiempo que las del derecho romano: ideas de la Revolución Francesa. Por cierto que los concejales habaneros de 1810 llegan hasta nuestro sentido crítico como entreverados de Petión y Siéyes. En el anhelo de contar con más mandatarios, ¿no se escondería el propósito de estrecharlos algún día con el mandato imperativo? Y, por otra parte, al expresar deseos rebasantes del marco local para adquirir tamaño continental y proporciones de cohesión étnica, ¿no estaban acrecentando la voluntad de toda la nación y amplificando el concepto de esta última como titular de la soberanía?

Viniendo a nuestra residencia de lo histórico, hay otro extremo de las anteriores resoluciones cabildiles que merece la detención del párrafo aparte: es aquel que implica un mensaje de solidaridad hispano-americanista. Sirve para poner de manifiesto la fuerza de las ideas en el tiempo y a su tiempo, demuestra que una ideología en sazón es capaz de atravesar imperceptiblemente los movimientos traslatorios más opuestos. Entre 1810 y 1826, la cubanía revolucionaria vive con la sensitividad, el pensamiento y la volición puestos en la América Latina.[2] La cubanidad evolucionaria no pudo aislarse de esta temperie.

---

2   No ha sido estudiado el fenómeno como conjunto y complejo históricos, y juzgo indiscreto abrir aquí un paréntesis, por breve que fuera, para dibujar sus lineamientos más esenciales. Prometo hacerlo algún día.

La «duda preliminar sobre la naturaleza y forma de los poderes que han de darse al diputado» termina nada menos que con alusiones evocativas e invocativas a la doctrina asimilista. Mas no hemos de azorarnos por la paradoja, puesto que, si se argumentaba con esta tradición preceptual y práctica de más de dos centurias y media era para reforzar, con la ejemplaridad de la historia, el mantenimiento del régimen igualitario entre las varias provincias hispánicas.

Ignoraban ellos que la representación parlamentaria de los todavía hispano-cubanos en la Península, en vez de constituir un puntal de la integración, sería un vehículo de separación, y que, lejos de consolidar el asimilismo, serviría a la larga para justificar el autonomismo y hasta el independentismo. En nuestra historia el sentimiento de patria y la conciencia de nacionalidad se unen para determinar la dualidad de evolución y revolución tomando como punto de partida natural y monista la distancia geósica entre España y Cuba. Lo que la tierra había apartado, la historia contribuiría a distanciarlo.

Pasaré a demostrar que en las Cortes hispánicas aparece —aunque al principio de soslayo, sutilmente, muy entre líneas— en las palabras y en los conceptos, el fundamento terrígeno de tales valores autarcoides psico-políticos. En la junta del 5 de noviembre de 1820 José Domingo Benítez pidió que se facultara a las autoridades locales en Cuba para prohibir o permitir a su arbitrio, según la abundancia o miseria imperantes, que se introdujeran en la isla las cosas imprescindibles al vivir, así como también las necesarias al fomento de la agricultura, porque

> ¿cuál sería para ésta —preguntaba— el resultado de esperar a que hubiese acaecido el daño, documentarlo y pedir a la superioridad el remedio, estando o no juntas las Cortes, y a la distancia de mil seiscientas leguas que hay desde La Habana a aquí?

En la congregación de la legislatura extraordinaria efectuada el 15 de diciembre de 1822, Félix Varela, Leonardo Santos Suárez, Tomás Gener, José de las Cuevas, y el diputado por Puerto Rico José María Quiñones, presentaron la proposición siguiente, que se aprobó después de declararse comprendida en el artículo 100 del Reglamento:[3]

Siendo más urgente en Ultramar que en la Península una nueva instrucción para el gobierno económico-político de las provincias; no limitándose a las de Europa la que ha pedido S. M., y constando en la que se discute que no se extiende, a Ultramar, pedimos a las Cortes que se nombre una comisión que teniendo esta instrucción a la vista, proponga la que convenga a las circunstancias particulares de aquellos países lejanos, según lo recomienda con mucha oportunidad la comisión de Diputaciones provinciales.

En la sesión del 15 de marzo de 1823 se procedió a discutir el proyecto de instrucción para el gobierno económico-político de las provincias de Ultramar.

El título primero estaba consagrado a los ayuntamientos.

Su primer capítulo trataba de la organización de los mismos. El artículo 1.° tenía esta redacción:

No se considerará como pueblo para el efecto de establecer Ayuntamiento aquel que no conste cuando menos de 25 casas reunidas formando calles, a no ser que a juicio de la Diputación exija otra cosa la conveniencia pública. Cuando la población estuviere tan diseminada que en ninguna de sus partes reúna 25 casas, se agregará para constituir Ayuntamiento al pueblo más inmediato que con su comarca debe formarlo.

Varela, ripostando a un diputado que se oponía a esta disposición numerada, manifestó que en América existían poblaciones hasta de 1.000 almas tan esparcidas que de una casa a otra mediaban largas distancias, y, como si ello fuera poco, a veces prolongaban más la separación caudalosos ríos. Gener, insistiendo en el fenómeno de la dispersión, arguyó que era preciso combatirla con el aumento de municipios, para evitarles perjuicios a los vecinos lejanos cuando tuvieran que acudir a estos cuerpos, y para fomentar

---

3   Véase la citada proposición en el Tomo II de las Obras de Félix Varela de la edición de Linkgua. (N. del E.)

el desarrollo de las poblaciones mediante la concentración en las mismas de los habitantes derramados por los campos.

En la reunión extraordinaria del 6 de mayo de 1823 se discutió bastante el artículo 156 del susodicho proyecto instructivo para el gobierno económico-político de las provincias de Ultramar. Ese precepto decía, con referencia a los jefes políticos, lo que sigue:

> Por consulta de la Diputación podrán suspender la ejecución de alguna ley, decreto u orden cuando por circunstancias particulares crean que puede comprometerse la tranquilidad pública. Si se dudare sobre su inteligencia, y puede diferirse el cumplimiento sin que resulten perjuicios, se suspenderá hasta obtener la aclaración; pero si se siguen males, o el asunto es tan urgente que sea indispensable dar alguna resolución, se practicará lo que acuerde la audiencia del distrito si el asunto es judicial, o lo que acordare la Diputación si no lo es. Todo esto se entiende a reserva de la verdadera aclaración que hagan las Cortes de si es materia de ley, o de la que haga el Gobierno de sus órdenes.

Aunque el acto de autoridad unipersonal se halla en esta regla rodeado de condiciones y limitaciones, como puede apreciarse, ponía, en definitiva, en la pluma del gobernador de cada colonia el derecho de suspender órdenes legales emanadas de la Metrópoli. A pesar de que los más destacados representantes por Cuba en aquellas Cortes profesaban abiertamente las ideas liberales —Varela, Santos Suárez, Gener—, no vacilaron en hablar cada uno a favor de ese principio de ejecutividad autoritaria singular. Las razones en que los tres se apoyaron coincidían en señalar la experiencia de hechos recientes favorables a su tesis ocurridos en Cuba y en las colonias inglesas; mas Varela, en dos momentos del debate, adujo la *suprema ratio*, diciendo en uno que «*a tan larga distancia* los legisladores no podían prever desde aquí los inconvenientes que hubiese para poner en ejecución en las provincias de Ultramar una ley, decreto u orden» —según el texto descriptivo del Diario de las Sesiones de Cortes—, y expresando en otro que podía darse el caso de que al llegar a América una legislación convenientemente adoptada en el Congreso hispánico, resultara perjudicial por haber variado las circunstancias. Tanto Varela como Gener recordaron que la ley de aranceles, suspendida por el capitán general Mahy, había salvado a Cuba de muchos males económicos.

Se llegó en el propio día a la lectura y discusión del artículo 158 del mismo proyecto a que me estoy refiriendo. En él se estatuía:

> Siempre que alguna persona, justamente desconceptuada en la provincia, hubiese conseguido sorprender al Gobierno para obtener algún empleo, que seguramente no le hubiera dado con mejores, noticias, dispondrá el Jefe político, con acuerdo de la Diputación, que no se le dé posesión, sea en el ramo que fuere, informando al Gobierno en la primera ocasión para que determine lo conveniente.

Varela y Santos Suárez defendieron esta disposición, sin que faltara entre los argumentos de ambos el de la lejanía en que estaban las tierras americanas de España. Vayamos a comprobarlo con los textos correspondientes. Varela concluyó sus alegaciones de este modo:

> La comisión ha tratado de precaver que en este punto no haya arbitrariedad, y que al mismo tiempo no ocupen los empleos personas indignas de ellos; porque desengañémonos, un informe particular equivale a lo mismo que decir un informe nulo, *ya sea por la distancia a que están aquellas provincias*, por el favor, por el interés del dinero, o por otras muchas circunstancias. Así, que el mejor medio es el de acudir a la fuente de donde puede salir la verdad y la justicia. Si esto es malo, yo no encuentro la razón por qué.

Santos Suárez apiñó sus razonamientos en este párrafo:

> Que el Gobierno puede ser sorprendido, y que por tanto destine a desempeñar ciertos empleos a personas desconceptuadas, es una verdad constante corroborada por la experiencia. Es pues preciso adoptar un correctivo para este mal, cuál es el del informe que se propone; ¿y quién podrá ser la persona que lo dé sino aquella cuyo empleo produzca confianza en el Gobierno? No se trata pues aquí de otra cosa que de presentar al Gobierno un medio de deshacer aquellos errores en que haya caído en el nombramiento de empleados por malos infor-

mes o por otras causas. *Las provincias de Ultramar por su mucha distancia de la Península sufren este mal*, y por tanto es preciso remediarlo con la medida que se propone en el artículo.

Por lógica concatenación, la distancia geósica, causa primordial de la separación histórica de la factoría cubana de su metrópoli española, nos pone en el umbral de la respuesta a la cuarta pregunta planteada: ¿para qué fueron diputados por Cuba a las Cortes de España?

Pues fueron, antes que nada, para eso: para poner de relieve que nuestra isla y la península ibérica son dos territorios distantes y distintos.

IV

Y dejando un poco atrás a la Tierra para volvernos hacia el Hombre, hacia los valores humanos, cabe adelantar prestamente que esos representantes fueron al Congreso para distinguirse, distinguiendo. El Parlamento, por su propia índole de colectividad limitada en el número de sus componentes, y por las comprensivas y elevadas funciones que le están atribuidas, es un puesto de distinción. Los que lo desempeñan, levántanse sobre sus paisanos; los que solamente lo ocupan, empínanse sobre ellos. Un país no produce tal tipo de personalidades sin cierto ascenso en su capacidad política. Los parlamentarios, en fuerza de ser distinguidos, se acostumbran a la función de distinguir; y en los que, por aquellos tiempos, representaron a Cuba ante el poder legislativo de España advierto cuatro distintivos fundamentales. El primero es el de participar en el rebote de contradicciones sobre afinidades y diferencias entre España y América. El segundo es el de intervenir en los problemas generales de la nación, del estado y de la definición política. El tercero es el de abogar en los asuntos de la clase social a que cada uno pertenecía. El cuarto es el de defender los negocios de Cuba. Me pararé a considerar cada uno de estos extremos.

1

La asamblea legislativa de España entre 1810 y 1837 fue una palestra de esenciales dicotomías opuestas y, a ocasiones, contradictorias. Hispanidad e hispanía; peninsularismo y provincianismo; españolismo y americanismo, o españolismo vs. americanismo; asimilismo vs. autonomismo; integrismo vs. autarquismo. Tales son las pugnas que, a veces, laten en el subsuelo y, otras, se enfrentan en la superficie.

Ya en el punto inicial de la publicación del decreto en que se daría cuenta de haberse establecido las Cortes generales y extraordinarias en la isla de León asomaron las divergencias. Los diputados por América asistentes a la reunión del 25 de septiembre de 1810 expusieron que no debía remitirse tal documento a los dominios ultramarinos sin acompañarlo de algunas declaraciones favorables para estos súbditos. La sugerencia encontró eco en el pleno del Parlamento, y se acordó que una comisión de congresistas, designada por el presidente, presentase, a la mayor brevedad posible, un dictamen sobre la forma en que convendría publicar en América el decreto de instalación de las Cortes. El presidente, al cumplir el acuerdo, nombró a diez diputados para el cometido, y, por cierto, que escogió entre ellos al de Cuba, marqués de San Felipe y Santiago. Algunos de estos comisionados dijeron que era necesario declararles a los hispano-americanos su igualdad de derechos con los españoles europeos y la extensión de su representatividad nacional como parte integrante de la Monarquía. Al debatirse esta propuesta ante la totalidad del Congreso, los americanos la favorecieron y muchos de los europeos la censuraron por intempestiva e indiscreta. Definitivamente, la mayoría dejó el decreto como estaba en principio redactado. Pero lo que aquí nos importa destacar es que la división entre legisladores europeos y americanos quedó desde entonces acometida en la colectividad parlamentaria hispánica. Los americanos volvieron a la carga, reclamando de un modo o de otro, pero siempre con tenacidad, un trato político distinto, en las juntas del 1, 3 y 14 de octubre, hasta obtener que en la del día 16 se diera lectura final a un papel aprobado en estos términos:

Las Cortes Generales y Extraordinarias confirman y sancionan el inconcuso concepto de que los dominios españoles en ambos hemisferios forman una misma y sola Monarquía, una misma y sola Nación y una sola familia, y que por lo mismo los naturales que sean originarios de dichos dominios europeos o ultramarinos, son iguales en derechos a los de esta Península; quedando a cargo de las Cortes tratar con oportunidad y con un particular interés de todo cuanto pueda contribuir a la felicidad de los de Ultramar, como también sobre el número y forma que deba tener para lo sucesivo la representación nacional en ambos hemisferios. Ordenan asimismo las Cortes, que desde el momento en que los países de Ultramar, en donde se hayan manifestado conmociones, hagan el debido reconocimiento a la legítima autoridad soberana que se halla establecida en la Madre Patria, haya un general olvido de cuanto hubiese ocurrido indebidamente en ellas, dejando, sin embargo, a salvo el derecho de tercero.

Al ponerse a discusión el plan de arreglo de provincias resurgió la porfía. Los americanos propugnaron la igualdad como punto de arranque, la disyuntiva o hasta el dilema como metas; los europeos sostuvieron el discrimen. Era de los primeros José Mejía Lequerica, quien llegó a exclamar que donde sonara la palabra *España* sin darle participación a América lo mismo en el daño que en el beneficio, no se iba hacia el remedio, pues al ser idénticas las vejaciones, idéntico debía ser el derecho a quejarse por ellas; por lo cual solicitaba que fuera general el arreglo para la Monarquía porque con este propósito habíanse «juntado todos, americanos y españoles». Demostración del ardor que alcanzó a cobrar la polémica fue el próximo turno del mismo Mejía, el cual no se ocultó para manifestar que si el plan era solo para arreglo de las provincias peninsulares entendieran únicamente en él los diputados peninsulares. Otro representante de América, José Simón de Liria, en diferente etapa del debate, con más contención en la forma, pero quizás —o sin quizás— con más valor en el fondo, atrevióse a afirmar que por el estado en que había visto a España, ésta sucumbiría si no fijaba su atención en las Américas. ¿De qué serviría el cuidado puesto por el gobierno en el acrecimiento de la economía peninsular si la fuerza mayor de la guerra con Napoleón le impedía afianzarla? En cambio, de las Américas es de donde habrían de ir los auxilios. La España *antigua* se arruinaría de seguro si no contaba con la *nueva*.

Precisamente porque España se hallaba mal, y América, por fortuna, no estaba en tales condiciones, era por lo que el congresal del grupo europeo, Agustín Argüelles, habíase opuesto a que se extendiera a las provincias americanas el régimen proyectado para las provincias españolas. Ante todo se trataba de tener presentes los daños padecidos por las provincias invadidas y los que podrían sobrevenirles a las que sufrieran en el futuro la invasión. Las provincias americanas no vivían bajo estos específicos perjuicios ni aún con el temor de sus riesgos, y podían, por lo tanto, esperar a la época en que las Cortes redactasen la Constitución, para entonces traer sus aspiraciones sobre el modo de regirse sus provincias. Argüelles diversificaba a los españoles de Europa de los de América, relativa, provisional y esperanzadoramente por los apremios de aquel instante bélico. Pero otro diputado de la España europea, Evaristo Pérez de Castro, si bien participando de algunas de las condicionales que acabo de apuntar en su colega, señaló diferencias más absolutas, definitivas y desilusionadoras. No era posible concederle a

América lo que deseaba porque en este continente el Sol nace y se pone en otras horas, los nombres son de opuesto color, las costumbres diversas, la educación, la moral y la política muy varias.

A través de la contienda parece que Argüelles percibió el acceso de opugnaciones más intensas y de dificultades más invencibles, y para salvarlas se le ocurrió presentar un escrito, dulcificado con hábiles palabras y alentadoras promesas, pidiendo la creación del Ministerio Universal de Indias. Allá dentro de esta iniciativa lo que parece haber es el sempiterno método de los políticos españoles, tan morunos, tan fatalistas, tan dados a entregar al tiempo las complicaciones de la cosa pública —particularmente desde la época de Felipe II hasta la de Cánovas del Castillo— y para los que, en gran medida, estampó José Martí su revolucionaria frase: «Aplazar no es resolver.» Pero esa proposición de Argüelles sirvió para que el diputado por Cuba, Andrés Jáuregui, demandara del cuerpo legislativo su aprobación, mientras requería a la presidencia en el sentido de suspender una lid tenida por él como impertinente. Entre sus breves palabras pronunció éstas que por lo sincréticas y cofreras revelan los ingredientes cubanos que ya habían penetrado en su mente, en su espíritu, en su vida: «No hay españoles europeos y españoles americanos. Todos somos y seremos siempre españoles, nombre glorioso que honrará a cualquiera que le tenga.» Por el instante, el proyecto de Argüelles se leyó nuevamente dentro de los trámites reglamentarios, y admitido a discusión, levantóse la junta. En cuanto a otro punto de la peroración de Jáuregui, el que comportaba una rotunda afirmación de españolismo, respondía más que a una actitud circunstancial, a una conducta permanente, muy rara vez desmentida. Él sostenía el criterio —distribuido entre diversas actuaciones parlamentarias suyas— de que los valores psicoéticos de la españolidad constituían una masa más íntegra, abarcadora y decisiva que sus esparcimientos geográficos. Hechos históricos como los acaecidos en Bayona no podían sino provocar la congoja de los españoles de todos los hemisferios. La nobleza y la lealtad eran dos virtudes del carácter español que él le alcanzaban y comprendían hasta para querer reforzarlas e impulsarlas. «Nuestra historia», en su léxico, no es otra que la de España. Cuba no es más que un «vecindario», una «provincia», a lo sumo su «país natal». El patriotismo del pueblo cubano consiste en amar el orden y en tomarse interés «por la indisoluble unión de toda la Monarquía española...». Después de todo, Jáuregui no se apartaba del ambiente de donde procedía. Como representante cuajaba en representativo. No se olvide que Cuba había sido una de las poquísimas factorías españolas de América donde la adhesión al sistema dominante habíase detenido tan inalterable que ni siquiera se pudo componer junta suprema ni provincial. Recuérdese, también, que apenas se tuvo noticia en la Isla de la guerra contra la invasión napoleónica, se dieron prisa en ayudar económicamente a la Metrópoli desde el capitán general hasta el súbdito de más modesto peculio, contribuyendo unos con sumas de dinero hebdomadarias o anuales, sosteniendo otros a un número de combatientes proporcionado a sus recursos, y pagando en frutos los que carecían de monedas. Memórese, por último, aquel impuesto sobre importaciones y exportaciones establecido por el Real Consulado en la aduana habanera hacia 1812, sin el previo asentimiento del Congreso, para auxiliar los relevos guarnicionales de América, cuya recaudación se calculaba en 200.000 pesos fuertes, y con cargo a la cual se abonaron gastos concretos de la ciudad de Santa Marta y del batallón de Voluntarios americanos.

Hay, no obstante, un segundo en que Jáuregui, abandonando su tradicional europeísmo, muestra excepcionalmente cierta inclinación americanista: es cuando se disputaba en enero 12 de 1812 sobre el capítulo del proyecto de Constitución referente a las Diputaciones provinciales. Uno de sus preceptos igualaba en siete el número de diputados por cada provincia. Jáuregui se preguntaba si en regiones sumamente extensas como la mayor parte de las de América podrían solos siete vocales abarcar tan múltiples intereses. Y pasando de un americanismo que podríamos denominar genérico a otro más *específico*, más *peculiarista*, citaba, a manera de ejemplo, las muy contrapuestas dimensiones de Puerto Rico y México.

En septiembre de 1810 recibíase en Santiago de Cuba una comunicación de Juan Bernardo O'Gaban y Guerra participando que había sido designado, por sorteo, representante de tal territorio a las Cortes, y utilizando la coyuntura para reiterar su gratitud y su anhelo de corresponder a este honor con el trabajo en rendimiento de su «patria». ¿A qué patria aludía O'Gaban? No lo sabemos. Yo, al menos, no quiero por ahora entresacar conjeturas de su frase ambigua.

Más claro se nos muestra en 1820 José Pascual de Zayas y Chacón. Para él «la Patria», «la amada Patria» es la Metrópoli; y «nuestra marina mercante» es la española. La tierra por la cual sentábase en aquella curul tenía en su léxico estas expresiones: «la Isla», «la isla de Cuba» y «el país». Pero, a pesar de que contaba un cuarto de siglo ausente del terruño, su mentalidad no se había desprendido de una característica muy cubana: la tendencia a propiciar salidas eclécticas o guabineras en las situaciones encontradas. Así, al ventilarse en la Comisión de Infracciones de la Constitución el caso de posible incompatibilidad entre la Ordenanza militar y la Ley de libertad de imprenta causado por el arresto que dispusiera el Jefe, de Guardias de la persona del Rey de un subalterno suyo que había divulgado ciertos papeles castrenses, Zayas redactó voto particular, en el que tras no pocas circunlocuciones, concluía que ninguna de las partes era infractora, y dejaba para posterior acuerdo parlamentario la prevención de discordias semejantes.

Tanto Zayas como Benítez no silenciaron las razones del decidido americanismo que los animaba. Por ser América «parte integrante y la mayor de la Nación» no debía tolerar mucho tiempo una representación congresional supletoria. Mientras no estuvieran reunidas las dos terceras partes de los diputados propietarios americanos era impropio tomar acuerdos irrevocables que resultasen perjudiciales para el continente que, por propia volición, les otorgaba su autoridad política más auténtica. Benítez, a propósito de concretas desconveniencias económicas, se hizo eco del discernimiento ambiente entre «la España europea» y los países de América. El mismo Benítez, en otra ocasión, impugnó la igualdad absoluta que se pretendía formular entre los crematísticos intereses generales de la nación y los particulares de una provincia, conformidad que él no refutaba en teoría, pero que sí reparaba en la práctica «sobre objetos susceptibles de tanta variedad en su aplicación».

Todavía en el otoño de 1822 y en el invierno de 1822-23, para la voz parlamentaria de Varela «patria» y «nación» se refieren a España. Cuba solo posee la categoría de «provincia». En igual postura se coloca por entonces Gener, aunque con estilo más directo. En la misma posición se ubica aún en la canícula de 1823, Santos Suárez. Pero en muy otra disposición estuvieron ellos en cuanto a la política relacional español-hispanoamericana, pues ahí variaron de parecer de por sí y entre sí. Trataré de precisar las variantes.

Sesión del 4 de noviembre de 1822: los cuatro diputados por Cuba se unen para pedir por escrito que los naturales y vecinos de América que anduvieran como transeúntes en España e islas adyacentes no fuesen comprendidos en los sorteos para reemplazos del Ejército. Es decir, los americanos diferenciados de los españoles, y diferenciados por un privilegio muy beneficioso. Digamos: americanidad ante españolidad.

Sesión del 8 de diciembre de 1822: Varela defiende la anterior petición, y avanza hasta esgrimir el argumento de que siendo el tributo de sangre similar al de dinero, si no se concibe que ningún pueblo responda «en la contribución pecuniaria por otro pueblo, así tampoco debe responder en la contribución de sangre». Y como para remarcar más el distingo, ejemplifica que si Madrid respondiera con su cupo de cargas por Lima, ello equivaldría a que se pagaran con los capitales de Lima los gravámenes correspondientes a Madrid. No pasemos en claro la aparición de un vocablo muy significativo: el vocablo pueblo; y tampoco dejemos de mencionar su añadidura comparativa; y menos aún omitamos su parangón específico entre la capital de España y una capital de América.

Sesión del 3 de febrero de 1823: Varela, al opinar sobre el proyectado arreglo del clero, confiesa que no entiende nada del vivir económico de la clerecía española, pues la hispano-americana se sustentaba de muy distinto modo. Esta apartada caracterización en tan primordiales medios de vida dentro de una misma clase social que tanto empeño ha tenido en hacer uniforme universalmente su conducta, y que tanta influencia y hasta poder conservaba todavía en el mundo hispánico, es una de las notas más típicas del alejamiento que iban experimentando los hombres de habla española de los dos continentes.

Sesión del 15 de marzo de 1823: Varela, al defender el Proyecto de instrucción para el gobierno económico-político de las provincias de Ultramar, a nombre de la comisión que lo hilvanó, informa que se han contemplado «todos los casos y circunstancias» en que pudieran hallarse las regiones americanas y suplica al Congreso que apruebe esta iniciativa para poner a tono a aquellos provincianos con el nuevo sistema político vigente en la Península. Varela parece intentar entonces una suerte de contrapunteo entre americanía e hispanía.

Sesiones del 2 de agosto de 1823: se alterca sobre el reconocimiento de los nuevos Estados del continente hispano-americano. Varela solicita del Gobierno que diga francamente si los plenipotenciarios que han ido a América están facultados para tratar hasta de la independencia de estos pueblos; porque la Comisión de Ultramar, cuando elaboraba, sobre la Memoria del Secretario del ramo, el dictamen ahora en el hemiciclo, al examinar el decreto de las Cortes que autorizaba tales designaciones, supo que por este documento los embajadores ya en viaje carecían de poderes para llegar tan lejos, y por ello es que había suplido la falta con amplitud y flexibilidad en el artículo segundo.[4] Santos Suárez, menos sobrio, mucho menos radical y más hábil que Varela, sin encubrir que es natural y representante de una provincia americana, declara que solo le mueven el bien y la prosperidad de España; más precisamente porque está animado de tales propósitos estima que el decoro y la honra de la nación española residen en llegar a tiempo a las útiles negociaciones con sus desgarradas colonias americanas que el dictamen de la Comisión de Ultramar facilita. Gener, desconviniendo de Varela y Santos Suárez, se opone al dictamen apoyándose en motivos legalistas y de nacionalismo hispánico: por una parte no tiene jurisdicción para autorizar la independencia de América, pues ello implica el que se modifiquen o alteren cuando menos 30 artículos de la Constitución; por otra parte, tiene conocimiento de que en Madrid hay agentes de gobiernos extranjeros laborando a favor del separatismo americano. Las Cortes se pronuncian porque no haya lugar a que se vote acerca del dictamen. Y al aprobarse el acta de esta sesión en la del día siguiente, Varela y Santos Suárez consiguen que se agregue el voto particular de ellos mostrando disconformidad con la decisión mayoritaria. En síntesis: americanismo incipiente y reticente en Santos Suárez, e insistente en Varela; hispanismo resistente en Gener.

Cuando la representación cubana concurre al hemiciclo del Estamento de Procuradores en el declinar del año 1835, ya ha transcurrido —y no en vano— algo más de una década de estos dos acontecimientos históricos: la batalla de Ayacucho, y su consiguiente reacción resentida volcada sobre

---

4   Art. 2.° El Gobierno de S. M. nombrará por su parte uno o más plenipotenciarios que en el punto designado estipulen toda clase de tratados sobre las bases que se consideren más a propósito, sin excluir las de independencia en caso necesario.

Cuba: la real orden de las facultades omnímodas. El primero es un hecho que retira al continente americano de las preocupaciones congresales hispánicas; el segundo es un fenómeno que, sensibilizando a la cubanía, en lo estamental la concentra y concita contra el gobierno español. A poco de leer, lápiz en mano, sin mucho espíritu de sutileza, los discursos parlamentarios de los representantes por Cuba en este período, los subrayados nos irán dando las transformaciones que se manifiestan en la evolución de su semántica política. Las causas las he indicado antes. Muy rara vez mencionarán a «América», a «los pueblos de América». ¿Se quiere una ratificación del fundamento? José Serapio Mojarrieta nos la brindará en el siguiente final de un párrafo suyo (enero 13 de 1836):

... emancipado de hecho el continente americano, solo vendrán al Estamento los representantes de las islas.

Cierto que, para ellos, todavía España es, con mayúscula, «la Nación», cuyo honor proclaman, cuya integridad mantienen, cuya prosperidad desean; y que aún «la isla de Cuba» en unos casos, es en otros «aquella provincia» o «el país»; pero no es menos verdadero que entonces los artículos determinados y algún pronombre demostrativo van siendo sustituidos, aumentativamente, por los pronombres posesivos de primera persona: «nuestro país», «mi provincia», «mi país»; como tampoco es menos indubitado que a Juan Kindelán y Mozo de la Torre, de entrada, en una de las primeras reuniones de la Junta preparatoria (noviembre 12 de 1835) le salen estas palabras:

amante con delirio de mi hermoso suelo, mi único anhelo ha sido merecer la confianza de mis compatriotas,

y poco después (enero 15 de 1836) Juan Montalvo y Castillo suelta estotras:

Permítaseme, señores, que haga aquí un justo elogio de mi Patria, de ese país donde reside la dulce tranquilidad, y que constantemente ha dado pruebas inalterables de su simpatía para con los desgraciados.

El sentimiento de la patria cubana tenía ya voz y voto en los cuerpos cole-gisladores de España.

2

Los problemas generales de la nación, del estado y del partidarismo político caben, para el juicio histórico de la vida pública española en aquella época, dentro de dos recipientes: conservadurismo y liberalismo. A ellos iré a extraer la actuación de los congresistas por Cuba.

El marqués de San Felipe y Santiago, en escrito que conocieron las Cortes el 17 de junio de 1811, exponía varios conceptos alrededor de la sociedad política y acerca de la política social. La monarquía constitucional era el buen sistema de gobierno para una nación con inmensas posesiones ultramari-nas. La suerte le había hecho nacer a él en un alto grado social; pero habría sido el primero en renunciar privilegios y pretensiones si así lo hubiese exi-gido el bien de sus conciudadanos. «Para mí —decía— el cargo de diputado es la mayor nobleza»; y los que poseían títulos por nacimiento no debían nunca mirar indiferentemente o tomar como instrumento de poderío indivi-dual la confianza que en ellos depositaran sus comitentes al encomendarles la representación. El marqués de San Felipe y Santiago creía que el pueblo habíalo elegido; y se interrogaba si su modo de reciprocar las intenciones del pueblo podía ser la de utilizar la autoridad que le confirió en la defensa de unas regalías contrarias a su provecho. Ahora bien, el régimen monár-quico tenía condicionada su existencia a la de las jerarquías. Y agregaba enseguida esta definición:

> Una nobleza bien constituida es el poder intermediario entre las pretensiones de la autoridad real y los impetuosos movimientos del pueblo.

Censuraba el nominalismo político si se le pretendía tomar como base de la felicidad de los pueblos. La experiencia histórica demostrábale que el mismo régimen había sido susceptible de producir en unos lugares la pesadumbre y en otros el contento. Con cierta vivacidad en la expresión, escribiendo en tiempo presente y como si fuera con visura sobre fenómenos de la historia que no presenció, exclamaba:

He visto repúblicas odiosas como la de Venecia; Monarquías turbulentas como la de Polonia; Monarquías absolutas y perjudiciales en los países más ilustrados de la Europa; pero también he visto la felicidad sentando su trono antes de la Revolución Francesa en la afortunada Suiza, y el imperio de las leyes afirmado en la Monarquía inglesa.

El ideal está en que las leyes sean buenas, se obedezcan y se respeten siempre. Parecíale llegado el día en que los nobles y el pueblo, cuyos respectivos intereses no tenían por qué estar separados, pactaran de manera solemne el sostenimiento recíproco apoyados en una sapiente Constitución. Al cabo, la autoridad que mantenían los grandes solo era nominal, y el pueblo se daba por satisfecho con un equilibrio justiciero. Ya los poseyentes de títulos nobiliarios limitaban su jurisdicción a la dignidad, y de ningún modo podían disponer de las vidas y haciendas ajenas. Si esta clase social iba a conservarse, sin darle al pueblo el espectáculo de su degradación, debía ser preferible que lo hiciera no perdiendo su dignidad, derivable únicamente en honor, nunca en quebranto del procomún. Pero tal jurisdicción tendría que seguir subordinada a las potestades políticas para no desmembrar la soberanía. En otras palabras: la nobleza continuaría ejerciendo la jurisdicción, no por derecho de naturaleza, sino por delegatoria del texto constitucional. Manifestábase del todo contrario a que permanecieran privilegios económicos tan gravosos al provecho individual, tan proclives a robarle al hombre libre los dones que le ofrece la Naturaleza para la satisfacción de sus necesidades, tan perjudiciales a la industria, como los estancos y los derechos de pesca. Estando el señor como propietario rico con jurisdicción honorífica sería jerarca juicioso en la monarquía constitucional. Y así la aristocracia española imitaría a la inglesa, cuya opulencia esplendorosa se asentaba en haber sabido concertar sus intereses con los del pueblo. Tras de seguirle esas oscilaciones al pensamiento, equilibrado para su época hispánica, del marqués de San Felipe y Santiago, yo llego a la conclusión que él era más conservador en lo atinente a la sociedad política que a la política social.

Las alternativas movían también el porte parlamentario de Jáuregui. Él se mostraba conservador al declarar intangible la propiedad extranjera por encima de las circunstancias políticas nacionales. Su conservadurismo estaba patente cuando restringía en el texto constitucional la autoridad monárquica impidiéndole tomar propiedades particulares o corporativas ni aún turbar la posesión, uso y aprovechamiento de las mismas, salvo en caso necesario de conocida utilidad común, y entonces indemnizando al propio tiempo que la entrega y dando «el buen cambio a bien vista de hombres buenos». Su tradicionalismo se esparcía entre varias protestaciones alardeadoras de heredada, ortodoxa e inquebrantable fe católica, nunca ajena a la potestad del Estado. En cambio, su postura se liberalizaba cuando, en una ponencia, circunscribía cabalmente las facultades de los gobernantes para arrestar a los individuos. Su posición era también liberal y en cierto sentido democrática cuando elogiaba el ingreso, en las proyectadas juntas provinciales financieras correspondientes a dos nuevas intendencias para Cuba, del procurador síndico personero comunal y de dos vecinos honrados, el uno labrador y el otro comerciante, escogidos por el ayuntamiento fuera de su seno y renovándose uno en cada año. Y su actitud partía de principios liberales cuando, puesto a optar entre la Inquisición y la Constitución, no vacilaba en decidirse, con firmes razonamientos, por la segunda.

En Zayas liberalismo y conservadurismo tenían un punto de trato en que a la vez se condicionaban al acercamiento y la separación. A los militares hispánicos había que respetarles la libertad de escribir y publicar sus ideas políticas hasta el límite donde chocaran con la ordenanza, fundamento de la disciplina, necesitada ésta de primordial conservación por razones físicas, morales y cívicas que al espejearse en la historia general ponían a Zayas en estilo de loa e himno.

El criterio que exponía O'Gaban sobre cómo debieran regularse algunos delitos de injuria por medio de la imprenta era el de un liberal muy ecuánime. No incurrirían en injuria los que dieran a la publicidad anuncios o censuras de delitos, defectos o excesos cometidos por funcionario público dentro del ejercicio de sus funciones, siempre que acompañaran simultáneamente las pruebas legales acreditativas de sus afirmaciones; y en caso contrario la publicación denunciadora se reputaría como libelo infamatorio. A veces conservadoras, a veces liberales, siempre bastante juiciosas y humanas, fueron sus opiniones en torno a un artículo del Proyecto de ley adicional a la libertad de imprenta. De un lado, el quebrantamiento de la ley contra la autoridad del gobernante o contra la moral del ciudadano, a causa de su fría preparación, creíalo más grave que ciertos delitos comunes urgidos por necesidades inaplazables; pero de otro lado puntualizaba para las distintas clases de infractores políticos las reclusiones adecuadas.

Varela hizo fluir su liberalismo a través de varias vertientes: atacando a los obispos españoles involucionariamente facciosos, para los que propuso declarar vacantes sus cargos; defendiendo un tratamiento comprensivo y considerado para los sediciosos secundarios sorprendidos en su buena fe y en su ilusión; propulsando siempre con firme acento convictivo la poda de fueros y privilegios clericales y castrenses en beneficio de la más amplia igualdad ciudadana.

3

Casi ningún diputado por Cuba dejó pasar en silencio por el ámbito parlamentario los intereses específicos de la clase social en que estaba encasillado. Más bien se esmeró cada uno en demostrar que conocía este lugar de su vida y el modo de acondicionarlo mejor. El marqués de San Felipe y Santiago, plutócrata, defendió el derecho a conservar las jurisdicciones realengas. O'Gaban, jurisperito, disceptó sobre la patria potestad en relación con la edad de los hijos para contraer matrimonio libremente y escudó la integridad de jueces y magistrados. Francisco de Arango y Parreño, economógrafo y economista de su alta burguesía criolla, pidió datos sobre cambios de objetivo en la factoría de tabacos. Benítez y Zayas, militares, procuraron retener la disciplina y subordinación en los cuerpos armados. Varela, sacerdote, vino a decir, en conjunto, que el más enérgico desenvolvimiento de los valores materiales del clero debía marchar a ritmo con el de sus valores morales.

4

A Cuba representaban aquellos diputados. Esto no podían olvidarlo ni desconocerlo. Y alguna de las cosas cubanas tenían que defender todos. La Isla iba progresando económicamente. Y éste fue el punto en que todos ellos confluyeron sin diferencias de causa, de tiempo, de origen, de fin, de continente, de credo ni de clase. Al estado social lo dejaron en el infierno en que yacía con sus luciferes y mefistófeles. Al régimen político lo abandonaron en el limbo hasta que a comienzos del año 1836 las oraciones de Mojarrieta y Montalvo y Castillo le trajeron ardientes esperanzas de purgatorio. Mas a la organización económica le reservaron el paraíso, ancha, honda y largamente.

La dimensión de anchura la veo en la variedad de aspectos sobre los cuales fijaron la atención: oficinas financieras, subvenciones, protección minera y agrícola, abolición del estanco y fomento del tabaco, aranceles y reformas arancelarias, comestibles, comercio, tráfico libre, marina mercante...

Un simple recorrido de inspección a la hondura nos permitiría volver con la libreta llena de diversas notas valorativas: cabal observación de la realidad, aprovechamiento de la experiencia histórica, seria documentación, sentido crítico, disposición para el enfoque, fuertes razonamientos en la búsqueda de las verdaderas causas, amplitud en el desarrollo de los raciocinios, movilidad en los conceptos, lucidez en las ideas, conocimiento directo de las materias, hábil juego con los números estadísticos, soltura en el empleo de la técnica, intuición y flexibilidad para correlacionar los temas crematísticos con otros de índole desemejante, opiniones propias, sagacidad alerta para responder a cualquier duda o negativa, previsión...

La largura se asocia aquí al tiempo, y no poco fue el que ocuparon en defender tenazmente los derechos económicos de Cuba estos representantes suyos. Por lo menos en dieciséis sesiones,[5] a lo largo de más de dos lustros, trabajaron en tales empeños.

---

5   Las celebradas en 26 de febrero, 22 de mayo, 9 y 13 de junio de 1812; 2 de enero de 1813; 5 de agosto, 16 de septiembre, 18 y 24 de octubre y 5 de noviembre (ordinaria y extraordinaria) de 1820; 16 de mayo, 24 y 28 (ordinaria y extraordinaria) de junio de 1821, y 25 de junio de 1823.

V

Se me ocurre que una última pregunta pudiera quedar extraviada entre las teclas de la máquina de escribir. Es ésta: ¿qué sanciones determinó la conducta de estos diputados por Cuba en el parlamento español?

La contestación está repartida en siete premios personales y dos castigos grupales. He aquí los primeros por orden ascendente y luego cronológico: O'Gaban fue designado Secretario de las Cortes (24 de junio de 1812) y Santos Suárez Primer secretario (25 de febrero de 1823); para la única Vicepresidencia de esa colectividad legislativa fueron elegidos Jáuregui (24 de marzo de 1811), O'Gaban (24 de octubre de 1812) y Gonzalo de Herrera (25 de septiembre de 1813); y alcanzaron nada menos que la Presidencia del Parlamento, Jáuregui (24 de septiembre de 1812) y Gener (1 de junio de 1823). Siguen ahora los castigos: en la segunda junta preparatoria de las Cortes extraordinarias de 1821, realizada el 23 de septiembre, fue excluida toda la representación de Cuba; y las Cortes constituyentes, el 16 de abril de 1837, no permitieron que tomaran asiento en ellas los representantes de Ultramar.

Pero..., premios y castigos los decidieron otros congresistas. No fue actuación propia de los diputados por Cuba, sino más bien acerca de ellos o sobre ellos.

Quede, por lo tanto, el análisis de tales hechos para otro estudio, para otra ocasión...

Libros a la carta

A la carta es un servicio especializado para
empresas,
librerías,
bibliotecas,
editoriales
y centros de enseñanza;
y permite confeccionar libros que, por su formato y concepción, sirven a los propósitos más específicos de estas instituciones.

Las empresas nos encargan ediciones personalizadas para marketing editorial o para regalos institucionales. Y los interesados solicitan, a título personal, ediciones antiguas, o no disponibles en el mercado; y las acompañan con notas y comentarios críticos.

Las ediciones tienen como apoyo un libro de estilo con todo tipo de referencias sobre los criterios de tratamiento tipográfico aplicados a nuestros libros que puede ser consultado en Linkgua-ediciones.com.

Linkgua edita por encargo diferentes versiones de una misma obra con distintos tratamientos ortotipográficos (actualizaciones de carácter divulgativo de un clásico, o versiones estrictamente fieles a la edición original de referencia).

Este servicio de ediciones a la carta le permitirá, si usted se dedica a la enseñanza, tener una forma de hacer pública su interpretación de un texto y, sobre una versión digitalizada «base», usted podrá introducir interpretaciones del texto fuente. Es un tópico que los profesores denuncien en clase los desmanes de una edición, o vayan comentando errores de interpretación de un texto y esta es una solución útil a esa necesidad del mundo académico.

Asimismo publicamos de manera sistemática, en un mismo catálogo, tesis doctorales y actas de congresos académicos, que son distribuidas a través de nuestra Web.

El servicio de «libros a la carta» funciona de dos formas.

1. Tenemos un fondo de libros digitalizados que usted puede personalizar en tiradas de al menos cinco ejemplares. Estas personalizaciones pueden ser de todo tipo: añadir notas de clase para uso de un grupo de estudiantes,

introducir logos corporativos para uso con fines de marketing empresarial, etc. etc.

2. Buscamos libros descatalogados de otras editoriales y los reeditamos en tiradas cortas a petición de un cliente.

Printed in Poland
by Amazon Fulfillment
Poland Sp. z o.o., Wrocław

69305503R00030